그만큼

시산맥 시인선 014

그만큼
시산맥 시인선 014

_____

초판 인쇄 | 2014년 9월 20일
초판 발행 | 2014년 9월 25일

지 은 이 | 문정영
펴 낸 이 | 문정영
펴 낸 곳 | 시산맥사
편집주간 | 김광기
편집위원 | 유정이 전해수
등록번호 | 제300-2013-12호
등록일자 | 2009년 4월 15일
주   소 | 110-350 서울특별시 종로구 율곡로 6길 36,
          월드오피스텔 1102호
전   화 | 02-764-8722, 010-8894-8722
전자우편 | poemmtss@hanmail.net
시산맥카페 | http://cafe.daum.net/poemmtss

ISBN 978-89-98133-15-3 03810

값 8,000원

* 이 책은 한국문화예술위원회의 2013년도 아르코문학창작기금을 지원받아 발간되었습니다.
* 이 책은 전부 또는 일부 내용을 재사용하려면 반드시 저작권자와 시산맥사의 동의를 받아야 합니다.
* 이 도서의 국립중앙도서관 출판시도서목록(CIP)은 서지정보유통지원시스템 홈페이지(http://seoji.nl.go.kr)와 국가자료공동목록시스템(http://www.nl.go.kr/kolisnet)에서 이용하실 수 있습니다.

그만큼

문정영 시집

*본문 페이지에서 한 연이 첫 번째 행에서 시작될 시에는 〈 표기를 한다.

■ 시인의 말

아직도 임계점이 멀었다.

설익은 밥알뿐이다.

2014년 가을
문정영

■ 차 례

1부

그만큼 — 17
소파 — 18
수곽 — 20
등 — 21
점화 — 22
자정 — 24
인류 — 25
고전 — 26
산벚나무 — 28
일본 — 29
어떤 품성 — 30
새가 나비를 물고 — 32
열흘나비 — 34

2부

아버지를 쓰다 — 37
나무시화전 — 38
문책 — 40
순문 — 42
玄 — 43

까마귀 - 44
삭 - 46
탈 - 48
나무남성 - 50
괄약근 - 51
책에서 물소리를 듣다 - 52
도시학개론 - 53
방심 - 54

3부

거짓비늘증후군 - 57
열흘나비 - 58
종묘사 - 60
BOUNCE - 62
새삼 - 64
백자달항아리 - 65
거미인간 - 66
남평문씨본리세거지 - 68
머리빗질증후군 - 70
비금도 - 72
타로 하는 여자 - 74
유품정리인 - 75
돈화문로11나길 - 76

4부

서문을 위하여 – 81
나비신발 – 82
문어흉내물고기 – 84
가마 – 85
세 개의 선인장 – 86
뽕뽕다리 – 88
배추흰나비 애벌레 – 89
호스피스 – 90
소나기 – 92
다시 모모를 읽으며 – 94
봄비 가치 – 96
마라무스병 – 97
나비는 어떡해 – 98
나무의 독법 – 100

■ 해설 | 유종인(시인) – 101

1부

그만큼

비 그치고 돌멩이 들어내자
돌멩이 생김새만 한 마른자리가 생긴다.
내가 서 있던 자리에 내 발 크기가 비어 있다.
내가 크다고 생각했는데 내 키는 다 젖었고
걸어온 자리만큼 말라가고 있다.
누가 나를 순하다 하나 그것은 거친 것들 다 젖은 후
마른 자국만 본 것이다.
후박나무 잎은 후박나무 잎만큼 젖고
양귀비꽃은 양귀비꽃만큼 젖어서 후생이 생겨난다.
여름비는 풍성하여 다 적실 것 같은데
누울 자리를 남긴다.
그것이 살아가는 자리이고
다시 살아도 꼭 그만큼은 빈다.
그 크기가 무덤보다 작아서 비에 젖어 파랗다.
더 크게 걸어도
더 많이 걸어도
꼭 그만큼이라는데
앞서 빠르게 걸어온 자리가
그대에게 먼저 젖는다.

소파

그가 그 자리에 언제부터 기대앉아 있었는지 나는 잊어버렸다.
소라 껍데기 같은 잦은 기침소리를 그날 아침에도 들은 적이 있었다.

생의 무게는 한낮의 무지개보다 가벼워라. 앉은 자리를 내어 준 나도 그의 움직임을 몰랐다.

그날 아침 햇살도둑이 다녀간 것도 기록되지 않았다.
분명 해의 그늘은 아닌데, 나무들의 한생을 태운 나이테처럼 그의 몸 무늬가 그려져 있었다.

항암치료로 도두라진 등뼈, 수분이 빠져나간 잎맥 같은 골반, 나비가 앉았다 날아간 꽃대에서 나는 신음소리, 말을 전하려다가 멈춘 눈빛.

그가 남긴 유일한 흔적을 나는 가졌다.
빈자리에 새벽보다 더 얇은 고요가 깔렸다.

한곳에만 앉아 움푹 파인, 그의 몸을 닮은 모과 썩은내가 났다.

 오직 하나의 체위로 받아 안은, 성감대도 없는 나는 그를 얼마나 따뜻하게 껴안아 주었을까.

수곡(水廓)

나는 한때 물처럼 맑다고 생각했다.
물로 집 한 채 지었거나
물의 집이라는 생각도 가져 보았다.
그런 나를 비추자 물빛이 흐려졌다.
내가 지은 집은 지는 해로 지은 것이었다.
고인 물을 막은 것에 불과했다.
내가 흐르는 물자리였으면
새 몇 마리 새 자리를 놓았을 것이다.
갑자기 눈물이 솟구치는 것을 보면
눈물로 지은 집 한 채가 부서졌고,
눈물도 거짓으로 흘릴 때가 많다고 생각했다.
내가 누운 집이 두꺼비 집보다 못하다는 것을 알았다.
내가 깊다는 생각은 지우기로 했다.
물은 엎드려 흐르는 것인데
내가 지은 집은 굽이 높았다.

등

 거울에 비친 등은 쓸쓸하다. 죽은 날벌레 같은 뾰루지 몇 개 달고 있다. 원형이 사라진 엉덩이와 뼈대가 보이는 척추를 따라 머리칼은 오래된 이력처럼 적을 것이 없다. 내내 앞의 눈치에 뒤를 열어 두지 못한 사내의 모습이 거기 있다. 사랑은 앞에서 오는 것이라고, 뒤태를 소홀하게 대하더니 어느 하나 비추지 못한다. 10월의 귓속말처럼 등은 소소한 일을 처리하면서 많은 굴욕을 겪었다. 흔들리지 않고 버티는 중심이 생겼다. 쉽게 붉히는 얼굴을 가진 앞은 결핍성을 감추고 있다. 등은 스스로를 비추는 줄 모르고 비춘다. 등은 뒤돌아서도 등이다.

점화(點話)

보고 듣지 못하는 그는 손가락에 눈과 귀가 있다.

상대방 손가락 위에 자기 손가락으로 점자(點字)를 쳐서 대화를 한다.

눈물 한 방울이 점자처럼 손등에 떨어지기도 한다.

보이거나 들리는 것은 화려함이 먼저라고 척추장애인 아내에게 배운다.

눈과 귀를 닫고 마음으로 보면 세상은 눈물방울보다 작다.

아내의 손끝에서 꽃향기와 별빛을 읽는 그는 부드러워지고 부드러워진다.

그는 불안과 고통에 이르는 것도 달팽이만큼 느리다.

일 년처럼 읽고 십 년처럼 느낀다.

〈
　문장이 단순해진 것은 느리게 가는 것들 적기 위해서이다.

　그는 손가락으로 풀잎과 공기를 더듬어 쓰는 작가이다.

　새벽의 연우(煙雨)가 막 깨어난 꽃잎을 감싸는 것처럼 손끝이 별빛에 가 닿는다고 쓴다.

　그가 점화(點火)되는 것은 아무도 모르는 한밤중의 일이다.

자정

밤의 한가운데를 바르게 펼쳐 놓았다는 뜻이다.
한밤에 꽃잎 떨어지면 하루가 가벼워지고 사랑니 빠진 자리에 혀가 들락날락하는 것같이 허전하다.
허공을 풍경으로 하기에 아픈 시간이 자정이면 어둠을 자근자근 씹고 있는 꽃나무의 한때도 자정이다.

내 입속 가시 부러지는 소리, 몸속으로 들어간 어둠 빠져나가는 소리 크게 들린다.
눈물도 꽃잎처럼 가벼워져야 떨어진다.
자주 어두워지는 표정을 소리로 바꾸면 한숨이다.

뼈에 장기에 소리들이 들어차고 소리들이 빠져나가는 소리.
어떤 소리는 부드러움을 잃었고, 어떤 소리는 활기가 없다.

풍경 이전의 허공, 한숨 직전의 표정이 나의 자정(自淨)이다.

인류

언제부터 눈이 오는 오후를 '고요'라고 부르는 인류가 출현했을까.

인류는 소리를 언어로 바꾸면서 일류의 시작을 알린다.
도시의 사라진 흙 위에서 신인류는 실뱀처럼 산다.

쌍안시(雙眼視)의 능력과 색각(色覺)을 갖고도 일류가 되지 못하는 인류가 있다.
발톱을 갈지 못한 고양이와 이빨을 쓸지 못한 쥐가 한 집에서 살고,
슬픈 벽화를 그리는 인류는 아직도 생존한다.

언제부터 다른 인류의 생각을 훔쳐 평화를 만든 일류가 생겨났을까.
새로운 종으로 태어난 어떤 인류는 다른 종을 지배한다.
인류는 끊임없이 일류가 되는 새로운 DNA를 받아들인다.
남자가 여자의 세계를 넘보는 것도 다른 인류가 되고 싶어서일까.

바위틈 바람은 숲 속 바람을 부러워한 적이 없다.

고전

고전은 변하지 않는다.
자음 모음은 두 개의 톱니바퀴, 행간에 빗소리 담아도 몇 개의 음절은 건너뛰지 않는다.
첫 문장을 연잎처럼 붙여 읽어도 입천장에 가 닿는 소리는 입천장에서 시작하고, 달콤하거나 차디찬 느낌은 아직 달콤하고 차디차다.
어느 모국어로 읽어도 읽는 이의 고전이다.

고전은 변한다.
몇 번 소리 내어 읽으면 톱니바퀴 사이에서 흰 밀가루 같은 양식이 나온다.
종이와 글자를 한 몸처럼 넘겨도 의미는 몇 장 뒤에서 잊히지 않는 기억으로 돌아와 새롭게 읽힌다.
책은 오래 읽어 행간이 사라질수록 고전이다.

이십 년 된 책 속의 그녀는 늙지 않고, 책 속의 그는 떠나가도 지나간 사람은 아니다. 달콤하다고 밑줄 친 문장만 천천히 낡아간다.

어느 봄날에 버릴 책들 넘기다가 꽃잎을 본다.
꽃잎 넣어 둔 마음은 꽃잎 따라 얇아져 있다.

가버린 사랑 지금 꺼내어 읽으면 고전(苦戰)이다.

산벚나무

    나는 기록에 쓰인 도구다.
    기록이 끝나고 나면 몸피에 꽃이 피었던 흔적 찾을 수가 없다.
    어제 생각난 이름은 타인에 관한 것이나 본래의 나를, 바람을, 새 울음을 알지 못할 정도로 변모되었다.
    대동여지도 필사본에 목판에 없는 독도가 보이는 까닭은 기록의 한계 때문이다.
    나는 자주 직립의 자세를 잊어버린다.
    팔만대장경을 새긴 내 **뼈**는 서늘하게 보전되어 오기도 한다.

    널찍하게 몸피만 키운 나는 희생될 것이라 생각했다.
    바위틈에 박혀 뒤틀리고 크지 못한 형제들은 집안 풍경으로 남았다.
    몸에 남아 있는 지도며 고문서가 후세에 남겨지기까지 나는 수많은 상흔을 간직해야 했다. 그리고 사라져야 했다.

    몇 생을 건너온 후생들이 산형화서로 피는 5월은 얼마나 연붉은가.
    봄날이면 나는 나를 필사하는 일로 분주하다.

일본(一本)

갈라진 해저나 어느 높이를 가진 파랑에 아슴푸레하게 놓아 버린 말들이 둥둥 떠다니는 것을 애초부터 기피하였다.

물길에 지워지는 길게 걸어온 모래 발자국들 바라보는 것이 어디 쉬운 일인가.

나는 일본을 모른다. 슬픔이 고여 있는 내 하루만의 입자보다 더 모른다. 모른다 하여놓고 들여다보니 내 몸의 일부였다.

한생이 6분 만에 무너질 수 있다는 것을 생생하게 보여 주었다. 나는 더 짧게 무너질 수 있다는 것을 인정할 수 있을까.

아직 나는 제대로 둥글어지지 못한 나이테를 그리고 있다.
그렇게 서툰 날들을 베어내면 둥글둥글해질 것이라 자위하는 것은 根本이 있는 것일까.

불편한 날들에 눈길이 오래 머무는 것처럼 만져보니 여기저기 일본이 날 서 있다.

어떤 品性

어떤 통증은 다른 통증으로 대체될 수 있을까.

바람의 빗자루로 몸을 쓰는 나는, 너무 쓸어 봄까지 풀 한 포기 나지 않는다.
물푸레나무 잎처럼 바람에 견뎌 볼 요량도 없다. 나긋해진 것의 반은 여성성 때문인가.
어쩌다 한 번 홀로 서 있는 고추목처럼 발끈한다.
남자라는 몸에 숨고 싶어서다.

들을 것 다 듣는 귀는 소리에 예민하지 않다.
그런 날이 계속되면 갇힌 공기만큼 무거워진다. 제대로 한번 붙어 볼 심사는 얼음장 밑으로 흐른다.

변모된 어떤 것들의 결과는 상처라는 이름이다.
어떤 사랑은 다른 사랑으로 풀어낼 수 있을까.

겨울 눈흙이 뭉쳐져 꽁하듯 걸어왔다.
검독수리를 쫓는 수리매처럼 다중 인격도 한때 부리고 싶었다.

〈

　모질지 못한 눈썹만 남은 한 남자가 내 안에서 바람을 빗질하고 있다.

　어떤 품성은 다른 품성으로 쉽게 바뀌지 않는다.

새가 나비를 물고

새가 생강나무 위에서
노란 나비를 낚아채기 직전,
나비는 그것도 모르고
꽃의 흉내를 내고 있다.

날개가 꽃술이면
입에 문 꽃내음은 전신마취제.
다시 날 것이라는 기대로
낚아채는 것도 모른다.

날아가는 몸짓 멈출 때까지
새는 잠시 나비를 입에 물고 있다.
숨이 멈추기까지는 짧은 시간,
새는 나비의 바람을 눈으로 묻는다.

새가 나이고 나비가 당신이라면
나비는 새의 입에서 펄럭이는 눈물.
점점 조여 오는,
스스로 날아가거나 천천히 멈출 수 없는 체위.

〈
그 후로 생강나무 꽃은 샛노란 생각뿐이다.

열흘나비

너는 나비처럼 웃는다. 웃는 입가가 나비의 날갯짓 같다. 열흘쯤 웃다보면 어느 생에서 어느 생으로 가는 지 잊어버린다. 너를 반경으로 빙빙 도는 사랑처럼 나비는 날 수 있는 신성을 갖고 있다. 아무도 찾지 못할 산속으로 날아가는 나비를 본 적이 있다. 죽음을 보이기 싫어하는 습관 때문이다.

너는 나비처럼 운다. 여름 끝자락에서 열흘을 다 산 것이다. 나는 너를 보기 위하여 산으로 가는데 가을이 먼저 오고 있다. 너에게 생은 채우지 못하여도 열흘, 훌쩍 넘겨도 열흘이다.

한 번 본 너를 붙잡기 위하여 나는 찰나를 산다. 열망을 향해 날아가는 너를 잡을 수 있는 날이 열흘뿐이나 나는 그 시간 밖에 있다.

2부

아버지를 쓰다

아버지는 집 앞 강물로 쓰면 싱겁고
한낮의 햇빛으로 지우면 파랬다.
이른 저녁이면 뜨거워진 공기가 탐진강 은어들처럼 파닥거렸다.
아버지는 조용히 흔들리는 물결을 2층 옥상에서 바라보셨다.
가문 날에 아버지를 부르면 독한 담배 냄새가 났다.
어린 나는 아버지와 익숙해지지 못했다.
아버지를 배워 아버지가 되었으나
그 사이 강가의 돌멩이들은 혼자 머무는 법을 익히기도 했다.
아버지는 얼굴이 검었다.
눈을 감았다가 뜨면 아버지를 닮았다고 했다.
아버지와 몸이 닿아도 아픈 곳이 먼저 닿았다.
초봄에 붉은 저녁이 걸려 있던 오동나무를 잘라냈다.
잘린 밑동에서 자라는 새잎처럼 나는 키가 커 갔다.
누군가를 가려줄 수 있도록 넓어지라고 하셨으나
마음은 금이 간 사기그릇처럼 소심했다.
아버지는 거름을 준 텃밭의 단감나무였다.
무언가를 더 줄 수 있다는 듯 주렁주렁 해를 매달았다.
아버지를 쓰고 싶었으나 읽는 법을 알지 못했다.

나무시화전

조계사 경내 나무시화전을 한다.

봄나무들이 햇빛으로 쓴 글자들은 촘촘하여 불안을 지우고 불안의 바깥을 쓴 것 같다. 생의 증표를 만년필촉처럼 세웠던 이들도 뚜렷하게 변모한 글씨체를 묻는다. 바람이 허공을 지워 어떤 인연에 초록 잉크를 번지게 한다.

그림자에도 빈 구석이 많다.
나무들은 색으로 채우고 번뇌를 다스리기 전에 가지 사이를 드문드문 열어 두었다.
헛것을 보는 눈이 실명되고 앞이 환해지는 것은 내가 드문드문 해졌기 때문이다.

봄나무는 달마의 체형이다.
몸은 이미 하나가 되어 사지를 나눌 필요가 없다.

초록을 안다 하여 나무 전부를 아는 것은 아니다.
절간 쪽으로 고개 숙인 나뭇가지들 불안의 무게를 아는 것 같다.

〈

　계절이 지나면 나무들은 붓을 들지 않고도 허공을 허공으로 그린다.

문책

기억은 이전의 나를 풀어내는 作業이나 반딧불처럼 사라지기도 한다.
나의 잘못에 관한 것들은 5월의 맞바람을 적을 정도다.

바람은 소리는 있으나 발음을 가지지 못하여 부딪치는 것의 입모양을 따라간다.
한쪽으로 치우친 침묵을 닮아 있다.

나에 대한 문책은 침묵이다.
부딪치는 것과 눈 마주치지 않는다.

침묵은 다년생 풀잎에서 봇물이 흘러 나갈 때까지 기다려야 풀린다.
그간 나를 꾸짖던 바람을 베어 물 안 가득 넣어 두었다.
새 떼의 발끝에 끌려 나온 파문은 혀에 대한 문책이다.

하늘 가장자리에 말줄임표를 찍으며 낮새들이 날아간다.

내가 너무 많은 기억을 쓰는 날 責問은 더욱 무겁다.

침묵은 말하지 않는 것이 아니라 혼자 참아 내는 것이다.
그간 나의 아가리는 너무 컸다. 컴컴하다.

순문(脣紋)

입술 점막과 가장자리에 입술지문이 있다.

그 사람의 땀샘, 피지선, 피부 균열로 생긴 독립무늬다.

나비와 벌들은 선호하는 꽃을 모양보다 향기로 찾는다.

그러나 당신의 입술은 이미 무수한 바람이 날아와 앉아 향기로는 분별할 수 없다.

입술은 수직, 나뭇가지, X자, 수평, 그물형태 등 열 가지로 탁본할 수 있다.

단 하나의 모양을 가진 당신의 입술은 나뭇잎 무늬로 닦고 닦아도 바뀌지 않는다.

어느 영화의 엔딩처럼 죽은 자의 입술에 입맞춤하는 것은 생전의 기억을 새기는 것, 멀리 사냥을 떠나는 네안데르탈인은 여자의 볼에 소멸되지 않는 문장을 썼다.

어떤 범죄는 입술지문으로 잡힌다.

어떤 입술도둑은 다시 입맞춤으로 알 수 있다.

햇살의 수없는 입맞춤으로 꽃이 피어나고 어린잎이 자라는 것을 보면 순문은 분명 바람이 쓸 수 있는 글자는 아니다.

玄

'玄'자에 가만히 귀 기울여본다. 검은 소리가 난다. 아득한 소리가 풀려난다. 들리는 것 같기도 하고 들리지 않는 것 같기도 하다. 마음으로 듣는 소리라면 수묵화에 가깝다. 내가 누구인지 잊어버린 그 순간 비에 젖은 산을 펼쳐 놓은 것. 비는 가는 소리로 내린다. 그래서 묵화는 한 빛깔이다. 젖은 나무들은 하나의 형태소이다. 내가 가물가물해진다. 그것이 현이라고 짐작한다. 나이 쉰을 깨뜨리고 나서 자주 그 글자 속으로 걸어 들어간다. '눈에 띈다'라는 문장을 중얼거려 본 적 있다. 이제 소용없는 말이다. '아득하다'는 것에 다시 갇힌다. 그 안이 내게 편하다. 쉰은 내게서 멀어져 간다. 내가 나에게서 흘러내릴 때까지 '玄'자를 소리 내어 읽는다.

까마귀

그를 처음부터 검다 한 적 없다.
받아들인 모든 색을 나눌 수 없었을 뿐이다.
하늘의 반은 불길한 구름으로 가득 차고, 그가 날아온 쪽에서 생긴 구름은 검다.
그 후 사람들의 질책으로 통증 없는 날이 없다.
그러나 그가 날아간 뒤의 빈자리는 얼마나 깨끗한가.

검은색은 햇빛에 따라 색이 바뀐다.
검은 구름 또한 아침 나팔꽃처럼 피었다가 사라지는 것인데, 나팔꽃을 정오에는 입술다문꽃이라 부르는 것과 같다.

그의 통증도 시각에 따라 색깔이 변한다.
해가 떠오르기 직전의 통증은 수컷이 겨울 깃을 몸 가까이 붙인 색이다. 해가 막 떠오르는 순간의 통증은 암컷이 부리를 꼭 다문 색이다.

그가 이른 새벽을 닮아 검어 보이나 마음에 붉거나 푸른빛이 숨겨져 있다.

성정이 유순하여 답하지 못한 그의 속이 시커멓다 하나
그 안에 흰 물빛이 감돈다.

삭

달이 서늘한 문장으로 오는 전생의 내 이름은 삭이었네.

달은 검은 글씨가 쓰인 흰 습자지를 뭉쳐서 만든 것.
생각을 가둔 검은 모자 속에서 당신을 꺼낼 때마다 달빛이 한 움큼씩 떨어져 나오네.

삭, 하고 부르는 소리에 당신의 한 달이 허물어지고 다시 차올랐네.
내 옷깃을 베는 듯 스쳐 지나갔으나 살내음은 오래 머물러 당신의 幻인지 幻의 당신인지 분별하기 어려웠네.

우리는 한가한 복사골을 꽃의 걸음으로 걸었네. 저녁의 손바닥으로 달의 아픈 곳을 자주 들여다보며 나는 당신을 다른 생의 통증으로 만난 것이라 여겼네.

한 그릇의 밥을 비벼 반은 전생에 덜어 두고 반은 이생에서 먹고 있네.
설통에 붙은 꿀벌들을 벌집으로 옮겨도 날아가지 않는 것은 서로에게 몸을 비벼 서로를 알기 때문이네.

〈
그때부터 슬픈 모자를 삭이라 불렀네.

탈

 달이 반쯤 사라진 비가 내리는 전생에 나는 당신을 탈이라 불렀네.

 탈이라는 이름 외에는 아는 말이 없어 소리의 강약이나 장단으로 모든 의미를 만들었네.
 새의 울음을 복사꽃 잎이 배우는 시절이었네.

 부르고 싶은 사람의 이름을 탈이라 바꿔 부르는 놀이를 했네.
 달이라는 입모양을 해도 탈이었고 강이라고 흘려보내도 탈이었네.

 당신은 달을 지키는 수문장이었을 것이네.
 그 관직에서 삭탈되어 다른 생으로 떠났다 해도 빛을 잃지는 않았을 것이네.
 지금 당신의 이름으로 내가 빛나는 것을 보면 알 수 있네.

 다른 빛으로 빛나는 달처럼 어떤 탈을 써도 하나의 탈이었네.

낮고 부드럽게 탈하고 부르면 돌아서는 것은 달의 무늬였네.
 수 만개의 표정을 쓰고 있는 당신의 얼굴이 그때의 탈이었다는 것을 또 한생이 지나도 알 수 있겠네.

 초하룻날의 검은 모자를 아픈 탈이라 불렀네.

나무남성

경주박물관 '문자, 그 이후의' 특별전이 있던 자리에 고대가 앉아 있다.

고대는 천 년 전을 펼쳐 보여 준다.
전시장 모퉁이를 돌다 읽은 것은 실제보다 크게 조형된 나무남성이다.
고대의 여가다.
맨 처음 소리를 수리(受理)하고 글자를 생활로 바꾼 것은 고대이다.

딜도보다 매끄러운 저 물건을 누가 사용하였을까.
그런데 더 놀라운 것은 귀두에 박힌 쇠못이다.
툭 튀어나온 못의 활용!
누가 생활을 따라가다, 평등한 不立文字를 새긴 것일까.
그 한 점이 박혀 있어 상상이 더 자유롭다.

어느 한가한 날 고대는 굵은 나무에 향기 나는 생활을 그려 넣었다.
그리고 천년이 흘러갈 줄 몰랐다.

괄약근

어느 것에나 절정은 있다.
절정에서 사그라지는 꽃들은 별 몇 개 뜨고 지는 것과는 사뭇 다르다.
내 몸도 봄의 절정에서 몇 번은 지고 몇 번은 까무러쳤다.

그때 힘들이지 않고 갈겨쓴 봄볕의 문장은 수식어가 필요 없다.

창경궁 어느 왕조의 말년에 가져다 놓은 신식 침대 모서리가 밀려나지 않으려고 힘주고 있다.
아직 날아가지 않은 옛것들의 냄새가 고개를 내민 사람들의 싱싱한 폐에 닿는 그 아찔한 순간.
항문을 조이는 힘이 근정전 뜨락의 봄꽃을 피운다.

책에서 물소리를 듣다

 열 권의 책을 빌려 겨우 한 권을 읽고 잠드네.
 한 권 속에는 물가에 내려가는 길이 있을 뿐, 물이 햇살을 어떻게 녹이는지 고기들이 소용돌이를 왜 만드는지 알지 못하네.

 잠 속에서 어제의 해가 죽어야 다른 해가 태어나는 것이라 누군가 흐르는 물소리로 말하네.

 배 한 척을 빌려 강을 건너나 강 너머에 무엇이 있는지 알 수 없네.

 새벽에 한 권을 더 읽으려 페이지를 넘겼으나 물빛 행간을 건너 뛸 수 없네.
 행과 행 사이에 검은 획들이 떠 있네.
 물보다 낮게 흐르는 신발은 없고 맨발이 걸어가고 있네.

 열 권의 책을 다 읽고 물소리를 듣는 눈동자는 없네.
 겨우 읽은 한두 권의 책에서 물소리를 들었다 하네.

 천천히 흐르는 물은 흘러가는 방향을 알리지 않네.

도시학개론

이 길에서는 다른 쪽으로 방향을 틀 수 없다.
건물의 그림자들이 가로수로 박혀 있다.
무거운 얼굴로 걸어가면 늙은 가로등이 생긴다.
저녁의 아코디언 맨은 박자가 맞지 않은 반주를 나무의 뿌리에 심어 두고 갔다.

우산이 필요 없는 거리를 설계해야겠다.
헤어진 후 이곳저곳 떠돌아다니는 슬픔 기록할 수 있는 집을 지어야겠다.

불타버린 건물은 집도 슬픔도 아니다. 거기 울음을 머금은 풀들이 자란다.

누군가 떠난 후부터 도시학개론을 썼다.
나를 지탱하기 위해 지주(支柱)를 여기저기 박아 두었다.
피부가 약한 곳이 먼저 가려워졌다.

내가 세운 돔으로 이주할 계획은 세우지 않았다.

방심(方心)

아흔 살 해녀는 방심(方心)이란 글귀를 써놓고 둥근마음이라 읽는다.
그녀의 살아온 날들이 둥글게 말려 있다.

거친 호흡으로 물밑을 헤엄치며 둥근마음 안으로 들어선다.
그녀는 바다에 묻은 두 아들의 기억을 지우느라 세상에 방심하며 산다. 마당에 널어놓은 미역줄기만 십오 년 전 격랑처럼 파삭거린다.

방심이란 실수로 길을 잘못 드는 것이 아니다.
마음에 촘촘한 그물 치는 대신 풀어놓고 사는 법을 그녀는 진즉 안 것이다.
한껏 방심에 들어야만 모든 것이 풀린다.
아무 생각 없어야 저 뜻으로 살까.
방심(放心)을 방심(方心)으로 잘못 쓴 한자어도 둥근마음에서는 같은 비유어이리라.

3부

거짓비늘증후군

내가 본 것이 무엇인지 몰라 묻는다.

내가 한 말본에 내 좌뇌가 먼저 속고, 그 다음 네가 속고, 그리고 서로 속은 것도 모르고 오래 바라본다.

어떤 상이 비늘처럼 벗겨지고, 벗겨진 자리에 안개가 끼는 거짓비늘 증후군 현상. 거짓이라는 접어에 또 한 번 속는다.

초록 넝쿨이 빛을 향해 기어오르는 것은 서로에게 익숙해져서이다. 익숙해졌다는 것은 이미 넘어간 것이다.

망막에 맺힌 것을 믿지 말라는 의사의 처방에 빛이 들어 있다. 너무 뚜렷하게 바라보지 말고 빛으로 눈을 빚어내라 한다. 그 후 눈앞이 캄캄해지고 바라보지 않아도 나는 네가 거기 있음을 안다.

눈이 침침해지고 바라본 기억을 믿는 것이 사랑이다.

열흘나비

알지 못한 생을 살았다는 이유로 나의 별에서 추방당했다.

사흘은 저장된 양분으로 별의 가장자리를 날곤 했다.

처음 날아 본 하늘은 제비꽃 냄새가 났다.

서투른 날갯짓이 개여울 울음소리 같았다.

내 날개에 언뜻 핏자국이 보이다가 사라졌다.

다시 불명한 부정맥 같은 날갯짓 소리.

나는 칠월의 토마토처럼 햇빛에 터져 버릴 것이라 생각했다.

그때 이미 날개 한 쪽은 타버렸고 칠 일을 버틴다는 것은 무리였다.

〈

하늘에서 레몬에 담근 각설탕 태운 냄새가 났다.

하늘을 읽고 하늘의 빛을 가져오고 싶은 때가 있었다.

그 빛이 나를 낙관적이게 했다.

떨어지기 전에 날개를 모아 날아 보지 못한 세상을 그 안에 담고 싶었다.

나의 열흘은 그 별에는 기록되지 않았다.

내 사랑은 아무 냄새도 없었다.

종묘寫

연기 피어 올릴 일 없는 종묘는 멀리서 숲으로 보인다.
나열된 신주에 묵은 영령들 쌓였겠다.
봄부터는 정전 영녕전 처마로 혼들이 다녀가기 어려웠겠다.

못난 나무들이 집 한 채를 다 지었다.
눈 밝은 사람들도 귀로는 청기와 올리는 소리 듣지 못하였다.
무성한 것들은 무성한 것들의 안을 쉽게 보여주지 않는다.
다 보고도 보지 못한 것들이 내 안에 맞배지붕을 올린다.

하늘이 내려앉을 자리를 두고 소설이 먼저 지나갔겠다.
찬바람 불면서 나뭇가지들은 양팔을 더 벌리고 뿌리는 자꾸 햇볕 쪽으로 몸을 틀었겠다.

웃자란 욕심이 종묘 뜰에서 서리 맞는 동안 내 안이 다 드러나 보인다.

젖은 갈색이든 마른 붉음이든 햇빛 들어 샛노랗든 나를 물들이던 자리가, 저리 훤하게 텅 빈 자리인 줄 몰랐다. 내게 가려졌던 내가 거기 오롯하게 보인다.

BOUNCE

　조용필의 새 음반 BOUNCE를 오토바이 꽁무니에 매단 채 밤은 실종되었다.
　소리에 놀랄 나이도 지났건만 내 키를 넘는 소리에 몇 번씩 움찔거렸다.

　밤이 잘 하는 것은 소리를 키우는 일.
　고요하다는 것은 고요에 귀를 내려놓은 것, 공원의 악다구니는 귀 안에 있던 말이 갑자기 상했다고 혼자 우는 것.
　밤이 말하는 법을 배우고 나서 사물들이 시끄러워졌다.

　내 잠은 그 사이 달아날 곳을 칸칸이 매달고 어디서 고양이 눈을 하고 있는지.
　술병에 취한 그 밤이 내내 울었다고 들었다.
　흔들리면서 흔들리지 않는다고, 캄캄하면서 캄캄하지 않다고 울었다.

　누구나 밤을 안식이라 부르지는 않는다.
　문을 닫는다고 귀가 사라지는 것도 아니다.
　밤을 피하는 것은 소리에 손드는 일이다.

〈
밤에서 우울한 냄새가 튀어 다녔다.

새삼

목본식물에 얹혀사는 몸이다.
전생에 누구를 괴롭혀 본 적 없는 부처의 자식이라 불렸건만, 지금의 나는 본디가 없는 종자다.
목으로 다리로 팔로 걸고넘어지고 껴안고 입 맞추고 혀가 황적색으로 녹아내릴 때까지 나는 거짓 사랑을 한다.
6월 어느 볕 뜨거운 날, 활활 타기 전에 나를 걷어 내는 손길로 새삼스러워지는데,
걷어 내도 걷어 내는 이가 지쳐 버린, 그러나 사랑이 없는 나는 새삼스러울 것도 없다.

다른 몸을 몸으로 범해 버린 성범죄자 같은,
숙주의 꽃.

내 안에 저런 잔인성이 똬리 틀고 있었다니,
자비를 위장한 폭력으로 기생하는 나는, 죽음을 자비라 부르는 잔혹한 생물이다.

백자달항아리

마음수련을 읽다가 달항아리 하나를 발견했다. 살짝 이지러지고 넉넉해 보이는 품성을 가진, 착한 빛깔의, 착하다는 것은 참 가진 者라는데,

달빛이 그러하다. 달빛은 달의 크기만큼 빛나는 것이라서, 한쪽이 사라지면 그 빛도 저를 감춘다.

처음부터 항아리는 속이 비어 있었다. 무엇으로 채우겠다는 욕심도 없었다. 그 흔한 새 한 마리, 나무 한 그루 새김도 없다.

아프리카 남수단의 이태석 신부는 치장 없이도 아름다웠다. 그가 떠나면서 두고 간 항아리 속 여백은 들여다보아도 보이지 않는다.

저를 버리고 몸뚱이 하나로 앉아 있는 달항아리처럼 풀어놓은 달빛이 멀리까지 퍼져 있다.

누가 항아리를 빚으면서 달빛으로 멱을 감았을까. 항아리의 이름은 후대에 붙여지고, 오늘 자신의 이름을 모르게 짓고 있는 이들은 얼마나 따뜻한 달빛인가.

거미인간

맨 처음 부는 바람에 그는 뱃속에서 뽑은 첫줄을 날렸다.

바람이 정해준 그 첫줄이 달동네에 가 닿았다.
강아지풀보다 낮은 담벼락 아래서 혼자 있는 법을 배웠다.
햇볕 잘 들지 않는 구석에 접시모양의 집을 지었다.
새끼를 낳고도 한참을 그곳에서 살았다.
그가 가진 재주라고는 촘촘히 지은 집에서 허기를 견디는 것.
그늘 몇 가닥밖에 걸리지 않는 날도 많았다.
어제 사출하여 지은 가로줄에 오늘 세로줄을 이어 쓰는 것을 필력이라 부르기도 했다.
바람이 정해준 터가 궂어도 불평할 힘도 없었다.
그 칸칸을 건너며 멈추고 들여다보는데 하루가 다 가기도 했다.
그보다 그의 출사돌기에서는 더 이상 큰집을 지을 음률이 없었다.

그러나 그가 가진 터가 낡아갈수록 정신은 맑아졌다.

더 이상 억지로 집 짓지 않아도 되었다.
가끔은 집을 부숴 버린 떠돌이거미도 나타났다.
곡기를 끊은 독거노인처럼 몸을 놓아 버린 후에야 고비에 휘둘리지 않았다.
몸에서 줄을 다 뽑아 버린 후 독하다는 말 하나 듣고 싶었다.

남평문씨본리세거지

 한옥의 창문을 공부하다가 '자다가 봉창 두드리다'라는 말의 봉창을 남평문씨본리세서지에서 소개 받았다.

 내다보는 것이 窓이라면 여는 것이 門이다.
 분합문, 미닫이문, 미서기문에는 바라지창, 광창 등 크고 작은 창이 있다.
 그 창으로 조상들은 능소화를 내다보았을 것이나 문을 열고 좀처럼 길가까지는 나가지 않았을 것이다.

 봉창은 내다보는 창이 아니라 빛과 공기가 드나드는 문이다.
 남평문씨본리세거지의 봉창은 사랑채의 창문 위에 달려 있다.

 종이로 발라 놓은 봉창은 햇볕으로 열 수 있으나 사람이 두드리면 열리지 않는다.
 누가 봉창을 두드렸을까.
 들어갈 수 없는 문을 두드려 난감해진 조상은 누구였을까.

〈
　돌과 묵은 이끼가 있는 연못에도 봉창이 있다.
　문을 열고 연못까지 걸어간 조상은 거기서 한울 같은 잉어를 만나 물 위에 봉창을 만들었으리라.
　구름 문 하나를 연못에 풀어놓았으리라.

　同本이나 나는 대구 달성에 가본 적은 없다.

머리빗질증후군

머리를 빗질하는 것은 당신과 함께 하겠다는 뜻이지요.
얼레빗, 참빗, 면빗, 상투빗, 음양소 어느 것으로 빗어도 가지런한 아픔까지 함께 한다는 것이지요.
그러나 나는 당신 앞에서 한 올의 머리카락도 빗질할 수 없어요.
빗질하는 순간 생기는 상실로 나는 까무러쳐요.
빗살 간격이 넓거나 촘촘한 것은 상관없어요.
긴 머리카락 사이로 나는 물을 흘러 보내고, 당신은 나를 빗어요.

나는 한옥의 좁은 골목을 걷는 꿈을 꾸어요.
거기서 우리는 스쳐 지나가지 못하고 엉키어 만났지요.
어느 담벼락은 반쯤 뜯겨지고, 어느 벽은 아직 붉은 채 남아 있네요.
상사화가 핀 골목 끝에서 나는 붉은 울음을 우는 새가 되어 있어요.

그 꿈에서 당신은 새의 깃털을 쓰다듬듯 나를 만져요.
내 머리칼을 잘라 당신에게 드릴까요.

나는 자꾸 어지러워지는 하늘을 이고 있어요.
당신이 무거운 하늘이 아니었으면 좋겠어요.
당신이 무서운 번개가 아니었으면 좋겠어요.

비금도

독립적이나 독립적이지 않게 섬에 산이 있다.

산이 없는 섬은 저수(貯水)하지 못하고 소금밭과 도랑을 설계하지 못한다.

그림산 지나 선왕산 내림길은 잡풀 숲이다.
몸을 접고 산에 人事하지 않으면 내려갈 수가 없다.

건들거리며 살아온 내가 방해꾼이라는 것을 한 눈에 알아챈 것도 비금이다.

눈이 많고 바람 센 곳에 와서는 금을 모른다고 해야 한다.
육칠월 염전에서 사나흘 캐낼 수 있는 것은 바싹 마른 태양뿐 소금창고는 흰 빛을 가두지 않는다.

1004개의 섬 신안에 와서 몇 개의 뿌리로 버티고 있나 손가락을 접는 순간 나는 비금 밖이다.

〈

　눈이 맑아야 먼 바다가 보인다는 부두에서 나는 안좌도 가는 갈매기를 기다린다.

　비금에서 가져온 것은 소금이 아니라 나를 절인 시간이다.

타로 하는 여자

새가 그려진 카드와 아이를 가진 여제의 카드를 펼쳐 놓고, 내 안의 여성성을 본다.

새는 갇혀 있는 몸짓을 거부하는 것이고, 여제는 풍요를 상징한다는 여자의 말을 듣는다.

내 운명의 어디쯤에서 아래로 떨어진 것인가, 여자의 눈에서 나를 읽는다.

누구나 불운을 전해 듣고 싶지 않은 손을 가지고 있다.

내 손이 내게 스며드는 것은 손뼉을 치는 일뿐이다.

그 순간 나는 카드 밖에 있고, 내 손은 뜨거워져 이런저런 생각도 다 물러나고 만다.

그렇게 빠져드는 점괘가 있는가 묻고 싶었으나 여자는 하고 싶은 말만 하고 통명한 부스 밖을 내다본다.

불운의 손바닥은 뒤집어도 행운의 손등은 아니다.

내가 듣고자 하는 말이 어느 쪽에 있을까.

듣고 싶은 것들만 듣는 귀에 대고 카드는 읽는 것이 아니라고 여자는 속삭인다.

나의 여성성은 그녀에게 묻는다.

나는 언제쯤 사람을 사랑할 수 있을까.

유품정리인

어느 죽음 앞에서 유품 정리인이 자꾸 헛손질을 한다.
마당가에 심어 놓은 꽃이며 나무는 그 자리에서 백 년을 꿈꾼다.
쓸쓸하다는 것 다 까먹어 더는 쓸쓸한 것들 털어 낼 수가 없다.

꽃은 나무는 이삿짐이 없다.
사는 곳이 천국이다.
몸 비운 자리에서 다른 몸 일어나 눈 비빈다.
고독사 자살 살인이라는 꽃잎은 없다.
썩는 일이 신 벗는 일처럼 쉬워서 그들은 신의 이름을 사모하지 않는다.

이번 이사는 한생을 비우는 작업이다.
그들이 준비하는 동안 한 사람의 생업은 생기를 잃는다.
사는 동안 마지막 이삿짐은 싸놓지 못한다.

나는 남길 것이 햇빛 바람 시어 밖에 없다.
어두워지면 그마저 사라지고, 비가 오면 쓸려 나갈 소망뿐이다.

돈화문로11나길

종로3가에는 할머니 칼국수집 김 서린 유리창 같은 골목이 있다.
그 유리창에 봄이라 쓰면 골목 끝에서 능소화가 핀다.
수선집 박음질 소리에 처마들이 단단해진다.
낮은 창문의 하루를 안다면 새들의 저녁을 아는 일이다.
몇 벌의 나비를 걸어 놓은 한복집에서는 풀향이 흘러나오고
봄꽃들이 옛날 무늬처럼 피어난다.

골목이 생긴 이후 새로모신점집보다 바람이 그날의 점괘를 본다.
오르막 내리막이 없는 평운(平運)이다.
우산 하나로도 눈비를 막을 수 있는 골목에서 헤어진 연인은 다시 그 길로 들어서면 하나가 된다.
돌아서거나 비켜 갈 수 없어 길의 끝까지 가야 한다.
능소화주차장은 능소화가 져도 능소화주차장이다.

돈독(敦篤), 돈화(敦化) 도탑다는 의미가 구불구불 돌아 나오는 골목에서 지난겨울 가랑눈도 어떤 깊이를 가졌겠다.

누군가 불러 눈을 감으면 속눈썹 끝에 흰 발자국이 걸렸겠다.

4부

서문을 위하여

　제목은 갈잎으로 물든 저녁해로 해야겠다. 본문에는 만신창이 사랑이 부른 한 소절도 적어 넣고 싶다. 가장 억울한 한 줄은 감추고 감추었다가 첫눈 녹듯 들여 써야겠다. 한두 행은 여백으로 두어 못다 한 용서는 적지 말아야겠다. 부끄럽다고 쓰는 순간 사라지는 행간은 없을까. 어느 책의 첫줄도 관용으로 시작된 것은 없다. 그래서 본문이 끝나고 나면 서문은 여력으로 써야 한다. 힘이 들어가는 순간 가장 빛나는 언어들이 바닥으로 떨어지고 만다. 비문(祕文)처럼 모르는 이가 써 준 머리말을 본 적 있는가. 모르는 이도 쉽게 읽을 수 있는 선물이어야 한다.

나비신발

나는 나비가 아니에요.
나를 신고 나비가 되는 꿈은 꾸지 마세요.
내 몸에 날개를 달아 놓고, 날고 싶은 사람들 발을 들이네요.
어쩌다 한 쪽 날개가 펴지는 날이 있어도
다른 쪽은 후미진 골목에 걸려 있기도 해요.

너무 희망적이지 않다고요.
희망의 크기만큼 날개를 펼 수는 없잖아요.

멕시코에서 미국까지 기차로 1200킬로를 밀입국하는 아이들은 신의 날개가 있어야 갈 수 있데요.

작은 걸음으로 걸어갈 수 있는 곳까지 나를 신어요.
내 발등에 봄빛을 그려 넣거나 바람을 접어 넣지는 마세요.

세상은 날아서 갈 수 있는 곳이 아니에요.
골목은 한발 한발 걸어서 빠져나가는 것이지요.

〈
그래도 한번 날아보고 싶다고요.
당신의 눈동자에 나비의 날개를 그려 넣어 보세요.

문어흉내물고기

인도네시아 술라웨시해안의 어떤 물고기는 흉내를 잘 낸다.
검은띠와 흰띠를 두른 바다뱀, 쏠베감펭, 바다달팽이 등 맹독성 생물이 되기도 하고
넙치류같이 파도처럼 출렁거릴 줄도 안다.
다른 어류의 행동까지 흉내 내는 재주꾼이다.
몸 바꾸다가 바꾸는 것에 맛 들여 포식자를 속이는 마술사다.

제 모습을 한 물고기가 따라오는 것을 보고 문어는 얼마나 놀랄까.

때때로 나는 복제된 나를 보고 소스라친다.
내가 쓴 시어를 흉내 내고 감각을 반복하고, 그리고는 또 다른 얼굴로 얼른 변신한다.
내 안에도 저리 생존을 위해 몸 바꾸는 문어흉내물고기처럼 시인으로 살아남기 위해 색을 바꾸는 내가 있다.
기분에 따라 내 언어들이 명명하는 물상들이 또 다른 이름을 흉내낸 것 아닌가 깜짝 놀라기도 한다.

가마

 그의 얼굴은 잘 닦인 마루를 휘어 놓은 것 같다.
 생각이 우묵하여 들을 수 있는 귀가 몇 섬이나 되고, 밖으로 화를 뿜어내는 눈이 몇 길이나 깊다.
 심지가 길어 불기운이 위로 솟구치면 화염을 가만히 몸 밖으로 내뱉는 것인데.
 그가 성인군자라는 소문이 있다.
 그것은 그가 불심을 두 손바닥으로 받아 가슴 앞에 모으는 자세에 대해 모르고 하는 말이다.
 몇 채의 정성이 허물어지고 비로소 불심을 알았다는 것은 그의 생김새로는 알지 못한 일이다.
 불길이 고르지 못하는 날에는 몸 안에 굽던 것들 산산조각 나는데, 그가 구운 달항아리마저 달빛 머금지 못하는 일이 빈번하다.
 그런 날에 그의 눈매가 새까맣게 타버린 것을 아무도 모른다.

세 개의 선인장

너를 보는 내 눈이 뜨겁다.
뜨거운 몸을 가진 것은 너일 것이나 내 변명은 퉁명스럽다.

하나는 몸의 전부를 그릇 밖으로 내려놓아 노파처럼 휘어졌다.
둘은 같은 그릇에서 살고 있다.
그중 하나는 거칠게 살아온 낙타의 발톱을 닮았다.
자학은 살아온 날들 중 마지막 선택, 더 이상 금기가 없어 제 살에 칼을 겨눈 것이다.

태어난 것이 어차피 가시라면 불편이 집이다.
누군가 버려 놓은 뒤틀린 목숨은 불평을 털어놓을 수도 없다.

하나는 어제 창가를 뛰어내릴 각오를 했다.
반쯤 창틀에 걸려 있는 생각을 접었으나 편하지가 않다.

세상에는 2억 명 넘는 아이들이 휘어진 생각을 지구에 심고 산다.

저 그릇 밖으로 뛰쳐나갈 발에 맞지 않은 신발을 신고 있다.

뽕뽕다리

 당신을 지나온 흔적이 다리이고 먼 미래를 다녀온 자의 발자국이 둥글다 해도, 지금 사는 이곳이 군데군데 구멍 뚫린 것은 무슨 연유일까.

 지구의 바깥에서 보면 스물이나 마흔 그리고 천명도 먼지일 터. 스물이 빠져나가고 마흔이 물에 씻긴 달빛처럼 사라진 것에 대하여 눈 짓무르게 앉아 있는 것은 다리가 할 일은 아니다.

 어떤 나이는 뽕뽕 건너야 귀가 순해진다. 나는 더 들을 것이 없어 불편한 당신을 건너뛴다.

 안으로 구멍 뚫는 자를 석공이라고만 부르지 않는다.
 상처로 상처를 다스리는 자를 '시간을 건너는 돌멩이'라 부르기로 하자.
 걸어가면서 제 발자국 지우느라 당신의 눈빛이 흔들리기는 한 것인지.

 뚫린 자국 가렸는데도 가려지지 않으면 그대로 사는 것이 다리의 생업이다.

배추흰나비 애벌레

고치벌은 배추흰나비 애벌레의 몸에 알을 낳아 기른다.
애벌레들은 애벌레의 몸속을 갉아먹으며 자란다.

고치벌 애벌레들이 몸을 뚫고 나올 때까지
배추흰나비의 애벌레는 날아가는 몽상을 한다.

내 숨을 먹고 자란 별빛들아.
너희들이 날아 또 다른 몸에 수태할 때까지
너희들은 내가 기른 목숨이다.

내 속이 까맣게 타고 뱃가죽이 딱딱해져도
내가 날아야 할 한 평의 배추밭마저 너희들에게 나누어 주마.

아프리카 수단 4만 명의 유괴된 아이들아.
내 몸속에 너희들의 계절이 푸르게 남아 있구나.

호스피스

어느 노인은 인공호흡기를 달고 죽음과 인사하고, 어떤 중년은 항암치료 중에 세상을 떴다.

세상과 작별인사를 못 나눈 임종만큼 서러운 것도 없다.

강아지를 키우고 싶다던 열 살 소년은 남은 한 달 강아지를 키우다 강아지를 품에 안고 웃으며 죽었다.

자식에게 들려줄 노래를 녹음하던 아빠는 임종을 앞둔 2주 동안 보고 싶은 사람들을 만났다.

암과 앎은 하나의 현장이다.
아픈 몸을 통해 내 안을 들여다본다.

그 안에 꽃송이가 피어 있다는 것을 그때 안다.

고통 없이 지는 꽃은 없다. 다 피지 못한 꽃들도 계절이 지나면 통째로 떨어진다.

〈
  떨어지는 순간 아픔을 모르는 것은 햇빛과 함께 떨어져
서이다.

소나기

소나기가 불현듯 내리면 나는 가벼운 당신을 업을까.

풀빛 물든 늦여름 개울가를 건너려면 당신과 먼저 먼 여행을 가야 하는데

거기서 우리는 소나기를 만나고, 소나기는 당신을 내 등에 업히게 하고

내 등은 먼저 젖어서 부끄러운 내력 내보일 텐데,

그래도 등에 가만히 몸 접어 업히는 당신이 하늘에 비추어지고

나는 듬성듬성한 길을 당신의 신발 크기만큼 걷고 싶은 것이다.

어느 별에서 떨어진 비가 여기까지 도착하기까지는 소나기만큼 고운 것이 없다.

〈
 떨어진 이후 맑은 빛으로 바뀌어 젖은 마음들 말리기에 얼마나 좋은가.

 비 그친 뒤에도 젖은 등과 가슴 맞대고 오래 풀향을 맡을 수 있다.

 그 오래전부터 나는 당신에게 먼 여행을 가곤 했다.

 그 오래전부터 당신은 없고 무성한 풀만 울고 갔다.

다시 모모를 읽으며

모모는 잘 들어주는 것 외에는 다른 재주가 없다.
나는 말하는 것도 서투르나 듣는 것은 더욱 서투르다.

모모는 이 세상 모든 것들의 말에 다른 말을 덧붙이지 않는다.
나는 개 고양이 귀뚜라미 두꺼비 우는 소리와 나뭇가지 사이를
스쳐 지나가는 바람소리를 구별하지 못한다.

모모의 부족은 호기심을 드러내지 않는다.
내 호기심은 여태 쓸모없는 사금파리에서 빛나거나 강둑의 일년생 풀꽃 위에서 핀다.

모모는 다 쓰러져 가는 원형극장 토굴에서 산다.
시간을 다스리는 자들이 그 곳에는 없다.
나는 달동네에서 보낸 유년의 상처 속에서 살기도 한다.

내 안에 모모가 자라고 있나, 귀가 하나 더 생겼나 내가 나를 들여다본다.

나는 아직 소리에 밝지 못하여 귓바퀴가 있던 자리에
꽃병 하나 놓고 산다.

*모모 : 미하엘 엔데의 소설.

봄비 가치

이번 봄비 가치가 2900억 원이라는데, 꽃들은 나무들은 그 가치를 뿌리로 알까. 바위들은 젖으면서 얼었던 몸을 녹이며, 젖은 산은 꽃불을 피우며, 연인들은 가만히 우산을 받쳐 들면서 봄비 가치를 생각할까.

봄비 그치고 그 다음 다음날 갑자기 하늘나라로 간 젊은 시인의 가치를 셈할 수 있을까. 그의 죽음의 시어들은 사실 삶의 또 다른 몸짓이었다.

겨우내 마른 흙내음 비에 묻어 나오고, 한 사람이 가고 그 한 사람이 마음에 묻힌다. 남은 이들은 다시 올 봄비를 기다리고, 한 젊은 시인이 부리와 발톱을 새로 간 수리매처럼 나타났다 사라진 것은 무엇으로 대신할 수 있을까.

마라스무스병

시인들의 봉사단체에서 지난 일요일 영등포 광야교회에 갔다. 일렬로 늘어선 노숙자들에게 한 그릇의 온기를 퍼 주고 시집을 나눠 주었다. 한 끼의 식사를 위해 멀리서 온 그들에게 시집은 뜨거운 국그릇이 되었을까. 그 중 몇몇은 두 권을 받아 가기도 했다.

신생아는 피부접촉이 부족하면 정상발육이 안 되고, 온몸에 힘이 빠져 움직이지 못하다가 죽는다. 서로를 껴안아 주지 못하는 접촉결핍이 사람을 병들게 만든다.

내가 쓴 시를 읽고 그날 하루 그들 가슴은 따뜻해졌을까. 그들에게 나는 한 편의 시로 기억될 수 있을까.

저들은 돌려가며 마시는 술 한 잔으로 부족한 온기를 채웠다.

나비는 어떡해

몇 만 년 전부터 작은 꽃들은 생겨났다.
그늘이 나중 생기고 바람이 그 사이를 헤집듯 지나갔다.
나비들은 눈송이라 불렀다.
제 목소리에 놀란 꽃.
작은 꽃잎은 부끄러움 뒤에 숨어 피었다.
잎이 꽃 색깔을 대신 가졌다.

멀리서 날아온 나비는 어떡해,
앉지도 못하고 꽃의 둘레만 날아다녔다.
꽃의 몸짓을 닮은 말들이 태어났다.
내가 당신의 우듬지를 만졌을 때 하던 말이다.

몇 만 년 후에 남을 씨앗을 위해
나비는 꽃에 앉아야만 했다.

그때부터 작고 힘없는 꽃들은 꽃송이를 만들었다.
붉은 음순 안에 연한 음순이 모여 하나의 꽃이 되었다.

부서지는 꽃들을 나비는 어떡해.

그러나 하나가 부서져도 또 다른 꽃들이 피어났다.

먼 여행을 가자는 말에 선뜻 따라 나선 당신이
눈에 피었다 졌다.

나무의 독법

나무가 겨우내 읽을거리를 구하고 있다. 바람을 읽고 햇빛을 읽고 지나가는 행인을 읽는다. 우듬지를 통과한 문장은 시베리아 고기압처럼 차갑다. 허기진 자간을 물관이 봄까지 읽는다. 읽을 것이 없다면 온종일 기다릴 것도 없다. "절벽에서 축구를 한다"는 가까운 나라의 비아냥거림도 또박또박 차갑게 받아 적는다. 새들의 연애를 읽는 동안 배꼽 아래서 뜨거운 피가 돈다. 뿌리에 힘이 들어간다. 바람이 한겨울에 써놓은 것들 3월까지 틈틈이 찾아 읽는다. 상심할 틈이 없다. 봄이 되면 읽었던 문장이 새순으로 돋을 것이다.

■□ 해설

지금은 파란(波瀾)을 잠재워가는 시간

유종인(시인)

사람에게 유심해지는 적막이 있다면, 현상으로서의 적막과 다스려진 속종으로서의 적막이 있겠다. 이런 소슬한 적막의 분위기는 자연(自然)과 인위(人爲)로 서로 두동지게 나눌 일이 아닐지도 모른다. 모름지기 적막의 자연을 알아볼 요량이면 그 마음이 적막을 가만히 살아볼 줄도 아는 게 사람의 마음자리일 때도 있다. 여름철 큰물에 상류계곡의 바위가 큰 짐승처럼 떠내려올 때는 두려움이 성큼성큼 가슴을 덮칠 것만 같다. 그러다가도 개인 날 계곡 언저리에 엎드려 햇빛을 받는 바위는 유순하기 이를 데 없는 순둥이의 슬픈 덩치로 다가들기도 한다. 사물과 풍경, 아니 그런 세상에 어울려 사는 사람이면 어찌 한 표정만을 간곡한 것이라 할 수 있겠는가.

표리(表裏)의 인간사(人間事)를 되새기다보면 그날로부터 사물의 그늘은 어둑한 것만도 아니고 요령부득의 것만도 아니며, 가만히 들여다볼 수 있는 소슬한 내면의 계절을 열게 된다. 그 계절에는 새로운 자아(自我)가 들락거리는 고요한 발소리도 돈독해진다. 나의 수수한 움직임은 나의 소박한 실존으로 도드라질 기미(幾微)를 열어준다. 꽃잎이 벌어지듯이 생각에 오롯한 인상의 주름이 생기니 이 또한 가만히 두고 보다가 이내 그냥 두고만 볼 수 없는 계제를 마련한다. 나비나 벌이 한 꽃에 닿고자 할 때 그 멈춤의 바람도 있는 것이다. 부는 바람을 보는 것은 일반적이지만 멈추는 바람을 보는 것은 실존적 인상이나 이미지를 얼러내는 기미(幾微)를 가질 수 있다. 이제 그 가만한 기척에 화답하듯 섬세하게 반추하는 시간을 그의 시들은 다양하게 모색하는 분위기다.

문정영에게 있어 작금의 시들은 잘 읽혀지지 않던 사물들의 기미와 서슬이 유난스러워지는 내밀한 기척들로 내면의 물소리가 쌓인다. 그 물들은 이제 단순한 반영을 넘어선 소슬한 존재에의 관여라는 지경에 물꼬를 튼다.

> 나는 한때 물처럼 맑다고 생각했다.
> 물로 집 한 채 지었거나
> 물의 집이라는 생각도 가져 보았다.
> 그런 나를 비추자 물빛이 흐려졌다.
> 내가 지은 집은 지는 해로 지은 것이었다.

고인 물을 막은 것에 불과했다.
내가 흐르는 물자리였으면
새 몇 마리 새 자리를 놓았을 것이다.
갑자기 눈물이 솟구치는 것을 보면
눈물로 지은 집 한 채가 부서졌고,
눈물도 거짓으로 흘릴 때가 많다고 생각했다.
내가 누운 집이 두꺼비 집보다 못하다는 것을 알았다.
내가 깊다는 생각은 지우기로 했다.
물은 엎드려 흐르는 것인데
내가 지은 집은 굽이 높았다.

- 「수곽(水廓)」 전문

  한 몸과 마음 안에 흐르는 물과 고인 물이 서로를 반추(反芻)한다. 스스로를 자부하는 물의 생각과 스스로의 위악(僞惡)을 되비추는 반성의 물이 있다. 그 물에는 몸과 마음이 한데 어울리고 얼비치고 스스로 관여한다. 일찍이 윤동주는 「자화상」의 우물 거울에 자신의 혐오를 청신하게 일깨웠고, 미당(未堂)은 또 역시 자화상에서 "팔 할이 바람"으로 산 자신의 회오와 신산함을 인생론으로 얼러냈다. 다른 여타의 시인들도 자아를 반성하듯 어딘가에 비추어 읽어내고 회감(懷感)한다. 이러한 반영론들은 특히나 서정시의 일반화된 기조와도 상관이 있다.
  그러나 문정영의 이런 성찰은, 단순한 응시(凝視)의 차

원이 아니라 그 자신의 몸을 통한 마음의 측량(測量)이라는 감각적 반영과 되새김의 정서가 여실하다. 몸의 대부분을 구성하는 수분(水分)이 외부의 물을 마주할 때의 새삼스러운 마주섬은 심신(心身)이 하나의 연동체계 속에서 반응하고 교호(交互)함을 먼저 보여준다. 외계의 물과 내부의 물이 감각적 사유로 마주하는 한 지점에서 견성(見性)에 다다르는 성찰을 시작한다. 위악에 들어찬 지난날의 불온함을 다시금 고백하는 것도 그런 층위(層位)에서다.

이 고백은 단순한 반성이나 자기고발의 쾌락이 아니라 존재의 집을 온전하게 다시 세우려는 남다른 자기각성에의 입각(入閣) 같다. 자기 낮춤의 겸양(謙讓)은 도덕적 우월성을 재탈환하고자 하는 의도라기보다는 실존적 자기 다스림의 정치(政治)에 들어서려는 시인의 의지로 보인다. 미학이 아닌 시점이 없지만, 서정의 '속/속내'(으)로 한층 더 웅숭깊어지는 마음의 서슬을 차차 갖는다. 이 서정적 속내를 깊이 있게 열어주는 것이 바로 만연한 죽음이다. 그런데 이 죽음에의 진술이나 감각은 아이러니하게도 지나간 흔적이나 기억을 통해서 돌연 강화된다.

> 그날 아침 햇살도둑이 다녀간 것도 기록되지 않았다.
> 분명 해의 그늘은 아닌데, 나무들의 한생을 태

운 나이테처럼 그의 몸 무늬가 그려져 있었다.

    항암치료로 도두라진 등뼈, 수분이 빠져나간 잎맥 같은 골반, 나비가 앉았다 날아간 꽃대에서 나는 신음소리, 말을 전하려다가 멈춘 눈빛.

    그가 남긴 유일한 흔적을 나는 가졌다.
    빈자리에 새벽보다 더 얇은 고요가 깔렸다.
    한곳에만 앉아 움푹 파인, 그의 몸을 닮은 모과 썩은내가 났다.

    오직 하나의 체위로 받아 안은, 성감대도 없는 나는 그를 얼마나 따뜻하게 껴안아 주었을까.

    -「소파」부분

  흔적은 지나간 것인데, '소파'로 분(扮)한 화자의 몸은 그 기억이 현재적 감각처럼 그 돌올함을 섬세하게 기억하고 복원한다. 그것은 어찌하여 그러한가. "오직 하나의 체위로 받아 안은" 소파의 몸이 서서히 주검이 되어가는 생체의 서글픈 고집을 스스로 품어 각인(刻印)하기 때문이다. '등뼈'와 '골반'과 '신음'과 '눈빛'이 사위어가는 숨결을 겨우 붙잡고 생사를 갈마드는 "그 몸의 무늬"를 쉽게 지울 수 없는 것, 여기에 망각을 완충시키는 서정의 기억술이 있다.

서정은 본디 따뜻하고 슬프고 외로운 감정의 서슬을 지녔다면, 이것들은 대게 딱딱한 것이 아니라 무른 것, 협량한 것이 아니라 너른 것이다. 푹신하고 부드러운 감촉을 지닌 넉넉한 소파는 이런 감각적 서정의 몸뚱이로 활물화(活物化)하기에 늠늠하다. 이 부드럽고 푹신한 서정의 몸은 주검에 가까워진 목숨의 가장 미세한 징후나 증상들을 늠늠한 품으로 받는다. 뿌다귀처럼 불거진 쇠약한 몸의 뼈들을 푹신한 살로 감싸는 소파는 늘 포옹을 준비하고 있는 서정의 품성(品性)으로 비견되기에 족하다.

죽음은 쉽게 객관화가 되지 않는다. 단순히 사실로써 받아들일 때를 우리는 객관화라 부른다면 그것은 사실의 뉴스(news)를 스친 것에 불과하기 때문이다. 실존이 받아들인 죽음의 객관화는 실제로는 죽음에 대한 주관(主觀)을 먼저 내면화하는 것이 진솔한 접근이 될 것이다. 그렇다면 죽음(주검)의 실제를 가감 없이 받아들이려는 냉철함, 그러나 그 냉철함은 따뜻한 심성을 가진 것일 수밖에 없겠다. 어느 순간 숙명처럼 다가온 목숨의 파랑이나 파란(波瀾)이 만약 죽음 때문이라면 우리는 그 냉철함에 깃든 따뜻함으로 여울지는 목숨을 다독여 볼 수밖에 없다.

    어느 노인은 인공호흡기를 달고 죽음과 인사하

고. 어떤 중년은 항암치료 중에 세상을 떴다.

　세상과 작별인사를 못 나눈 임종만큼 서러운 것도 없다.

　강아지를 키우고 싶다던 열 살 소년은 남은 한 달 강아지를 키우다 강아지를 품에 안고 웃으며 죽었다.

　자식에게 들려줄 노래를 녹음하던 아빠는 임종을 앞둔 2주 동안 보고 싶은 사람들을 만났다.

　암과 앎은 하나의 현장이다.
　아픈 몸을 통해 내 안을 들여다본다.

　그 안에 꽃송이가 피어 있다는 것을 그때 안다.

　　　　－「호스피스」부분

　죽음을 바라보는 시선에 따라 삶의 소소한 일상은 극명해진다. 죽음의 조명은 어둡지만 그것이 비추는 삶의 일상은 극명하게 슬프고 귀하고 절실한 아름다움으로 중요로워질 수 있다. 죽음은 쉽게 객관화되지 않고 주관(主觀)의 그늘처럼 우리의 일상, 저녁의 삼이웃으로 머물러 어슬

렁거린다. 완전히 결별할 수 없는 죽음과의 이 오랜 인연은 숨탄것이면 누구나 마주할 수밖에 없는 극명(克明)한 경계인 것이다. 이 경계에의 두려움과 슬픔과 어찌할 수 없음―그 허망함을 다스리는 것이 시의 또 다른 정치(政治)가 아닐까 싶다.

문정영이 죽음이라고 불러놓고 이 죽음을 제거하거나 무화(無化)를 얘기하지 않는 것은 그것이 모든 숨탄것들의 숙명이라는 사실도 있지만, 죽음을 온순하게 아니 죽음을 오지랖 있게 삶의 안쪽으로 수습하려는 그 서정의 다정한 손길을 비록 허공에서나마 쉽게 거두려하지 않기 때문이다. 그 늠늠한 마음의 눈길로부터 "암(癌)과 앎[智/知]은 하나의 현장"이라는 존재의 소소한 깨달음을 얼러내는 것은 일견 당연하다.

"남은 한 달 강아지를 키우다 강아지를 품에 안고 웃으며 죽"은 "열 살 소년"에서부터 죽음의 순간은 다양한 인상으로 다가온다. 죽음은 그렇게 모든 사람들에게 저마다 다른 삶처럼 또 저마다 다른 마무리의 순간을 열어준다. 그런 의미에서 시는 존재의 언어가 살며 죽어가는 순간을 마지막까지 지키는 일종의 '호스피스' 역할론을 부여받게 된다. 아니 시가 호스피스의 역할을 수용한다면 그것은 죽음으로 한정되는 존재의 숙명을 넘어 모든 사물화(死物化)된 것들을 되살려내는 의인(醫人)의 역할까지

확장돼야 마땅하다.

닥터(doctor)와 호스피스(hospice)가 단연코 분별되는 현실에서 그러나 문정영의 시는 생명과 죽음이 크게 결별하지 않고 서로를 가만히 들여다보는 모종의 친연(親緣)을 모색하는 분위기다.

> 이번 봄비 가치가 2900억 원이라는데, 꽃들은 나무들은 그 가치를 뿌리로 알까. 바위들은 젖으면서 얼었던 몸을 녹이며, 젖은 산은 꽃불을 피우며, 연인들은 가만히 우산을 받쳐 들면서 봄비 가치를 생각할까.
>
> 봄비 그치고 그 다음 다음날 갑자기 하늘나라로 간 젊은 시인의 가치를 셈할 수 있을까. 그의 죽음의 시어들은 사실 삶의 또 다른 몸짓이었다.
>
> 겨우내 마른 흙 내음 비에 묻어 나오고, 한 사람이 가고 그 한 사람이 마음에 묻힌다. 남은 이들은 다시 올 봄비를 기다리고, 한 젊은 시인이 부리와 발톱을 새로 간 수리매처럼 나타났다 사라진 것은 무엇으로 대신할 수 있을까.
>
> ―「봄비 가치」 전문

아득한 옛일과 오늘의 일상사(日常事)가 별반 버성김 없이 우리 주변에서 생활의 명목으로 어울려 일어나길 반복하기도 한다. 삶과 죽음이라는 만연하지만 절체절명의 대척점이 서로 순치(馴致)되는 순간의 슬픔은 어쩌면 봄날의 연둣빛처럼 모종의 열기와 싱싱함, 그리고 단순화시킬 수 없는 어떤 허무와 생동(生動)이 갈마들어 있다.

여기에는 순환하는 자연의 이치에 대한 존재 스스로의 일깨움에서 비롯된 소슬한 관조(觀照)가 번져 있다. "한 사람이 가고" 나면 "남은 이들은 다시 올 봄비를 기다리"는 일견 평범한 일상에 스며 있는 생사(生死)의 여로(旅路)를 스치듯 마주하게 된다. 그런데 그 여로는 기계적이며 생물학적인 나이에 따른 소멸이 수행되는 여로가 아니기에 더 묘(妙)하다.

즉 "한 젊은 시인이 부리와 발톱을 새로 간 수리매처럼 나타났다 사라진 것"에서 보듯이, 순차(順次)가 아닌 존재의 들림이나 궂김이 불특정한 틈이 발생처럼 일어난다. 그런데 이런 죽음이 '봄비'라는 자연현상과 굳이 대척적이라고 생각할 수 없는 이유는, 그것이 "다시 올 봄비"처럼 일회성의 적멸(寂滅)이 아니라는 화자의 인식이 스며 있기 때문이다.

화자는 그것을 확신하는 언술을 드러내진 않는다. 물음표를 달지 않은 의문형의 문장은 그러나 더 깊은 확신의 봄비로 존재의 순환적 도래를 믿는 눈치다. 짧은 봄비 다음에 긴 봄비가 오고 풀이 자라고 다시 여느 보통의 봄비가 올지 모른다. 우리는 어느 봄비를 믿을 것인가. 어느 봄비를 믿건 그것은 느끼는 자의 실존적 전유(全有) 속에 그 발등을 적실 것이다.

    그를 처음부터 검다 한 적 없다.
    받아들인 모든 색을 나눌 수 없었을 뿐이다.
    하늘의 반은 불길한 구름으로 가득 차고, 그가 날아온 쪽에서 생긴 구름은 검다.
    그 후 사람들의 질책으로 통증 없는 날이 없다.
    그러나 그가 날아간 뒤의 빈자리는 얼마나 깨끗한가.

    검은색은 햇빛에 따라 색이 바뀐다.
    검은 구름 또한 아침 나팔꽃처럼 피었다가 사라지는 것인데, 나팔꽃을 정오에는 입술다문꽃이라 부르는 것과 같다.

    그의 통증도 시각에 따라 색깔이 변한다.
    해가 떠오르기 직전의 통증은 수컷이 겨울 깃을 몸 가까이 붙인 색이다. 해가 막 떠오르는 순간의 통증은 암컷이 부리를 꼭 다문 색이다.

    그가 이른 새벽을 닮아 검어 보이나 마음에 붉

거나 푸른빛이 숨겨져 있다.
　성정이 유순하여 답하지 못한 그의 속이 시커멓다 하나 그 안에 흰 물빛이 감돈다.

　-「까마귀」 전문

　까마귀를 그냥 부르기만 해도 사람들의 밋밋한 이마에 주름살이 이는 것을 본 적이 있으리라. 어떤 불길한 선입견이 그 이마보다 깊은 곳에 파문을 일으켰기 때문일 것이다. 그것은 참으로 오랫동안 고쳐지지 않은, 그리 큰 불편도 없이 가져보게 되는 어설픈 관념의 일상인지도 모른다.
　문정영은 이 관념의 가장자리를 묽게 헐듯이 만들어서 그 생각의 오랜 물꼬를 다른 곳으로 트고자 한다. 그것이 어쩌면 작금의 그가 시에 대해 가지는 새로운 발상과 문법의 소요(逍遙)인지도 모른다. 기존의 관념들, 그것을 묽게 하는 것이 시의 통상적 참신함이라면 문정영은 작금에 이르러 이 묽힘의 정도(degree)가 가팔라지고 있는 듯싶다.
　그 가파름은 그러나 거칠거나 폭력적인 속도의 전위(前衛)를 가진 뉘앙스와는 일정한 거리를 둔다. 그것은 문장의 새로움에 초점을 두는 여느 시인들의 스타일보다는 그야말로 서정의 온축(蘊蓄)을 통한 시적 감각의 갱신이라는데 마음을 두는 인상이다. 그의 이런 시적 갱신과 지향은 "그를 처음으로 검다 한 적 없다/ 받아들인 모든 색을 나눌 수 없었을 뿐"이라는 까마귀에 대한 선언적 언술에서 명백하고 명민하게 드러난다. 그러면서 이런 빛깔에 대한 세상의 맹목이 얼마나 많은 고통을 불온하게 유지하고 궁극적으로 만연한 고통의 세상을 지속하는가에 대한 성찰을 이끌어낸다.

그러나 그것은 일반적인 어두운 관념의 인식으로써가 아니라 감각적 겨를을 통한 새뜻함 속에서 여실해지는 경우라 할 수 있다. 이것이 문정영의 시들이 사물과 상황들을 접하는 감각적 응시와 발산으로 새로워지는 지점에 능놀듯이 접어들었음을 보여주는 단적인 증좌라 볼 수 있다.

즉 이런 화자의 새뜻한 시선처리와 기존 관념으로부터의 거리두기로써의 시각의 확보는, 앞서 말한 '묽힘의 정도(degree)'를 시인 스스로 시적 대상과 유연하게 접속하는 그 너나들이로서의 갈마듦에 능란해졌기 때문이다. 이 접속의 능란함은 기교적인 측면보다는 마음의 환기가 더 늡늡해졌다는 측면이 완연한데, 그 본질적인 상태는 바로 부드러움의 수용과 발산이다.

　　보이거나 들리는 것은 화려함이 먼저라고 척추
　장애인 아내에게 배운다.

눈과 귀를 닫고 마음으로 보면 세상은 눈물방울보다 작다.

아내의 손끝에서 꽃향기와 별빛을 읽는 그는 부드러워지고 부드러워진다.

그는 불안과 고통에 이르는 것도 달팽이만큼 느리다.

일 년처럼 읽고 십 년처럼 느낀다.

문장이 단순해진 것은 느리게 가는 것들 적기 위해서이다.

그는 손가락으로 풀잎과 공기를 더듬어 쓰는 작가이다.

새벽의 연우(煙雨)가 막 깨어난 꽃잎을 감싸는 것처럼 손끝이 별빛에 가 닿는다고 쓴다.

― 「점화(點話)」 부분

화자가 경험하는 부드러움은 물질의 질료적(質料的) 상태가 가지는 일반적인 질감이나 모든 관계적인 양상의 심리적인 외양, 분위기만을 한정하지는 않는다. 오히려 이 부드러움은 보다 근원적인 마음의 상태를 지향하는데, 그것은 화자의 언술처럼 배우고 느끼고 쓰기 위한 일종의 새로운 적바림을 위한 과정이다.

즉 기존의 것을 버리지 않음에도 그 속에서 새로운 자아의 확충이나 본래적 자아의 발견을 도모하는 정신의 상태를 말하는 부드러움이다. 즉 결과적인 상태가 아니라 활성(活性)을 지닌 행위적인 혹은 관계적인 부드러움의 추구인 셈이다. 이는 단순한 미감(美感)을 위한 부드러움의 유지가 아니라 사물과 존재를 아우르는 시적 발견을 위한 일종의 깨어있는 정서적 수준을 담보한다. 기존의 경직된 시각이나 관념, 어혈(瘀血)진 감정들을 풀어내는 수단으로서의 기능적 부드러움도 함께한다.

이것은 이제껏 문정영의 시편들이 보여주었던 정서의 결을 새뜻하게 얼러내고 대상 사물이나 현상들을 새로운 수준에서 켜내는 중요한 점화(點話/點火) 플러그인 셈이다. 그만큼 그 부드러움의 내성(耐性)은 "일 년처럼 읽고 십 년처럼 느"끼는 집요한 응시와 "손가락으로 풀잎과 공기를 더듬어 쓰는" 고요한 핍진(乏盡)의 상태를 동시적으로 겪어내고 또 피력한다.

문정영의 이런 견실한 부드러움의 시적 양상은 어디에나 다 가 닿을 충분한 여지를 품고 있다. 장삼이사 우리네 삶이 부딪히게 되는 길고 지루한 고통의 일들과 짧고

환영 같은 기쁨의 일상 곁에서 그의 시는 파란(波瀾)을 다 독여온 기분이 자자하다. 그 파란의 일상(日常)은 그의 시에 부드러움과 깊이를 더해주었다. 그 화자가 대응하는 사물과 현상에 다양한 정서적 분위기를 얼러내는 부드러움과 그 깊이를 낙락하게 번져내는 것이 바로 직관(直觀)의 상태다. 그는 이 상태를 다분히 동양적 관점에서 들여다보고 견주어내는데 이르렀다.

> 검은 소리가 난다. 아득한 소리가 풀려난다. 들리는 것 같기도 하고 들리지 않는 것 같기도 하다. 마음으로 듣는 소리라면 수묵화에 가깝다. 내가 누구인지 잊어버린 그 순간 비에 젖은 산을 펼쳐 놓은 것. 비는 가는 소리로 내린다. 그래서 묵화는 한 빛깔이다. 젖은 나무들은 하나의 형태소이다. 내가 가물가물해진다. 그것이 현이라고 짐작한다. 나이 쉰을 깨뜨리고 나서 자주 그 글자 속으로 걸어 들어간다.
>
> - 「玄」 부분

현(玄)은 단순히 검은[黑] 상태만을 지칭하는 것이 아니기에 그가 짐작하고 관조하는 존재의 바탕은 이제 점점 희미해지면서도 맑아진다. 어둑한 듯한데 밝아지기도 한다. 한 빛깔의 존재가 아니고 한 소리의 사물만이 아니다. 이러니 앞서 말한 "일 년처럼 읽고 십 년처럼 느"끼는 관심이 없을 수 없다. 사랑의 필수코스가 드디어 그 가려진 내막을 산의 샛길처럼 드러낼 요량인가 보다.

아마 그러한 지점에 문정영은 도달했고 소요했으며 남모르게 지극해지고 소슬해졌을 것이다. 무엇인가 물어보지 않아도 그가 말하고자 하는 바가 이미 어슬하게 시의 주변에 그리고 삶의 저변에 번져 나오고 있음이 소리의 빛깔로 "풀려난다" 하지 않겠는가. "젖은 나무들"처럼 한나절의 빗속에 드문드문 떨어져 각자 그러나 다 같이 젖어본 사람은 알리라. 젖어도 젖지 않은 것 혹은 말라도 다 마르지 않은 마음과 몸의 겨를이 차차 사람과 자연을 한데 가만히 일깨우고 있다는 것을 말이다.